ANGEL EYES

ILLUSTRATION BOOK **BANANA FISH**

ANGEL EYES

AKIMI YOSHIDA

SHOGAKUKAN

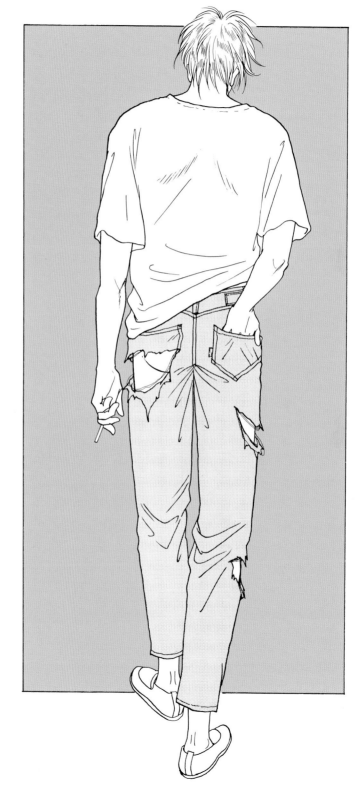

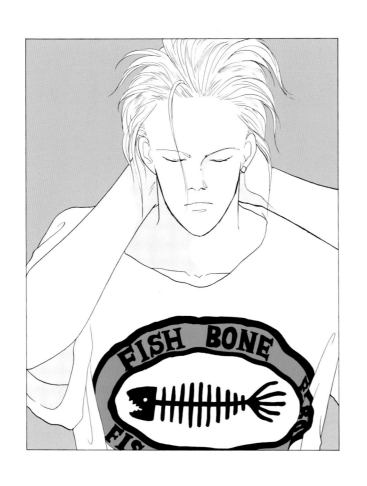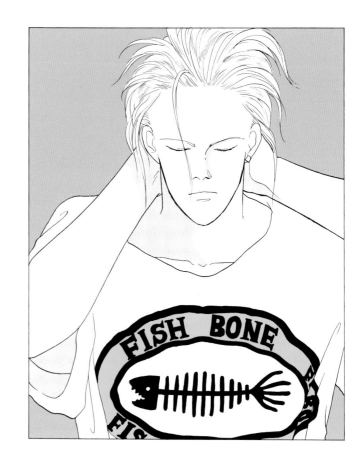

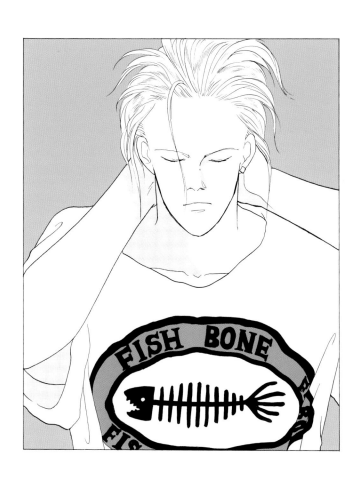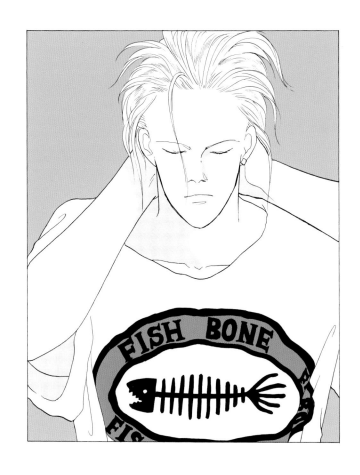

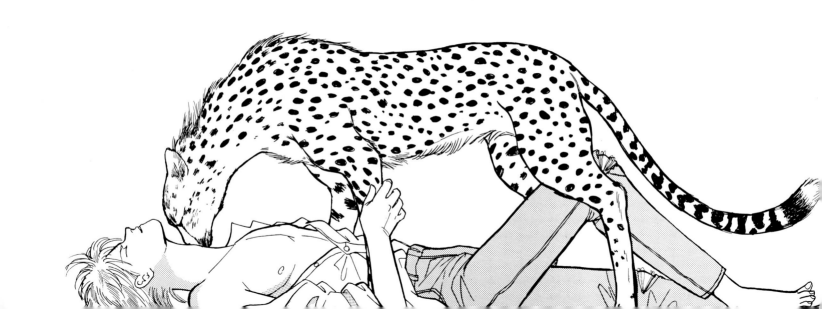

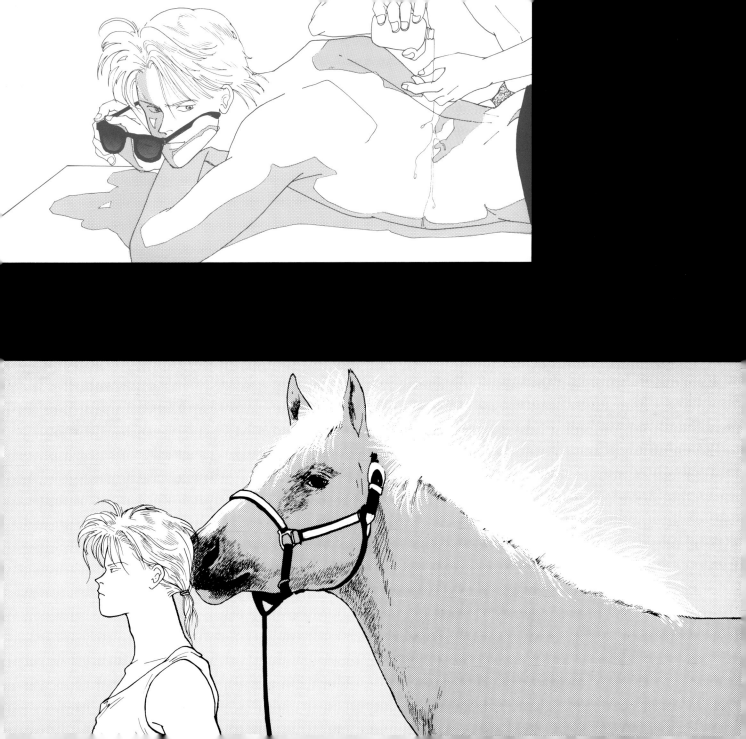

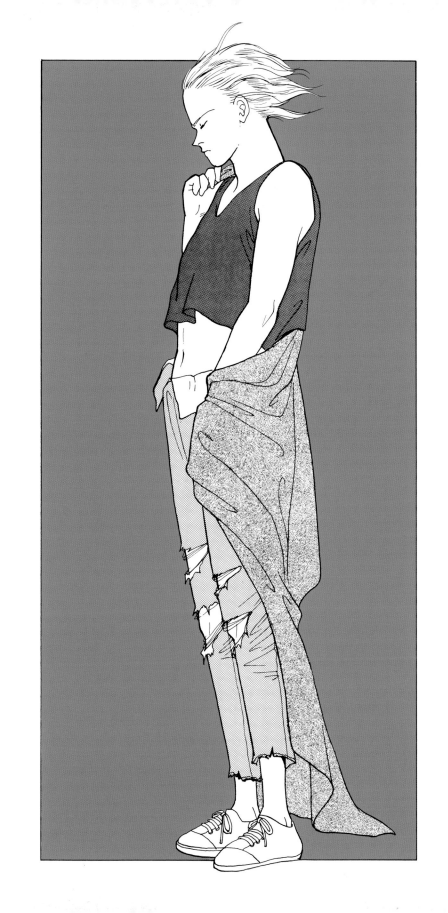

ASH & EIJI

ASH & EIJI ASH & EIJI ASH & EIJI ASH & EIJ

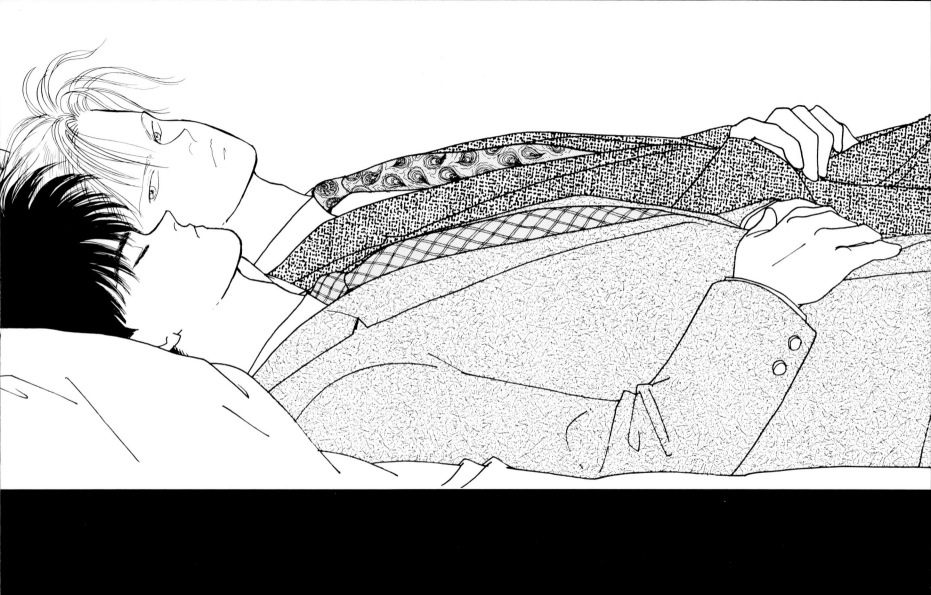

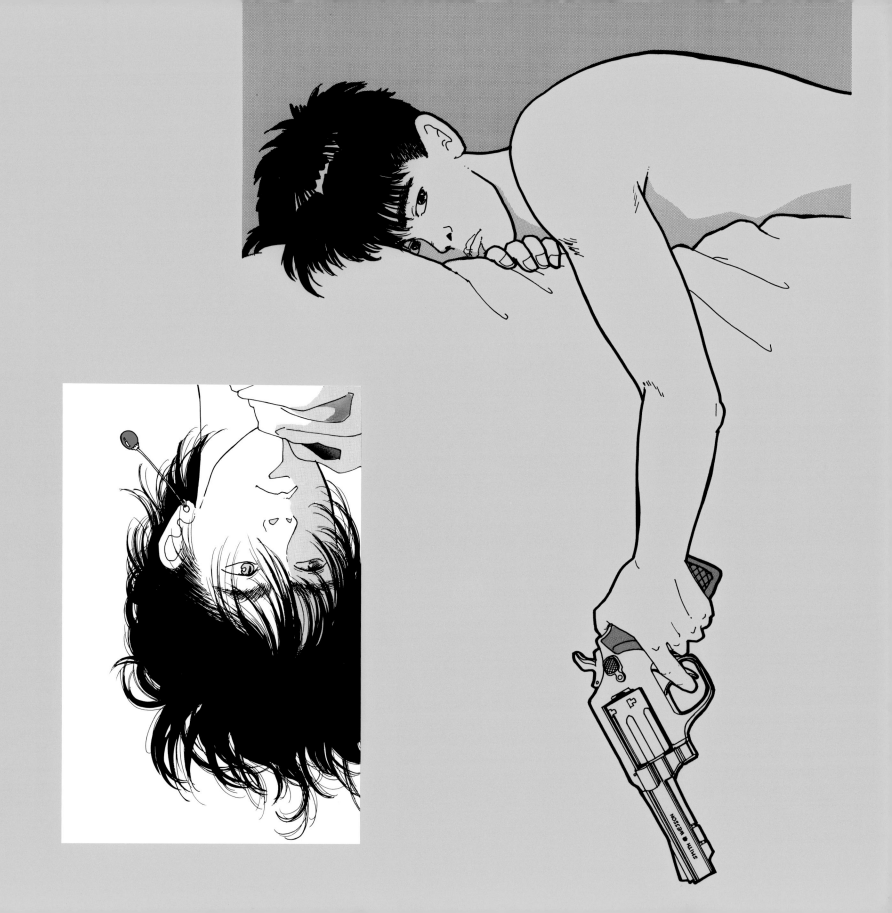

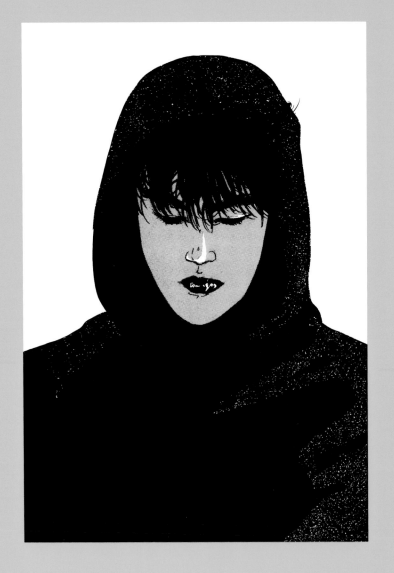

NEW YORK

Un compleanno d'avanguardia. La famosa Brooklyn Academy of Music (30), Lafayette Avenue, da sempre tempio dell'avanguardia newyorkese, compie 125 anni. Nell'occasione si preparano spettacoli di ogni genere, tutti in qualche modo straordinari. La «maratona» dei festeggiamenti inizia il 7 ottobre con una performance che vedrà in scena Merce Cunningham e la sua compagnia di danza, assieme al filosofo-musicista John Cage, che leggerà brani da «Finnegans Wake» di James Joyce. Durante lo spettacolo, intitolato «Roaratorio», si alterneranno sul palco anche cinque musicisti irlandesi che eseguiranno musiche tradizionali del loro paese, naturalmente elaborate secondo lo stile di Cage, vale a dire con molti «aleph», improvvisazioni e «rumori».

La novità più ghiotta (prevista per il primo di novembre) saranno comunque i soundtrack scritti da Ennio Morricone e rielaborati da John Zorn, eseguiti da vivaci esponenti dell'avanguardia down-town. Tra gli «irriducibili», da segnalare l'eccentrico Arto Lindsay, Fred Frith, Jody Harris, Robert Quine, Arton Fier e Christian Marclay. Lo spettacolo, parafrasando un celebre film di Sergio Leone la cui colonna sonora fu firmata da Morricone, si intitola «Once upon a Time in The East Village».

In dicembre (dal 3 al 6) sarà la volta dello spettacolo «The Animal Trilogy» presentato dalla compagnia di danza di Bill T. Jones & Arnie T. Zane. Infine, dal 14 al 30, l'ormai classico «The Civil Wars» di Robert Wilson e Philip Glass, premio Pulitzer 1985 per il dramma. Chi fosse di passaggio a New York e volesse ulteriori informazioni può telefonare al numero 718-636-4100.

Cape cod, 1985

あの夏。

特別な季節。

フィッシュ＆チップス。

バナナ・ピカン・チョコチップ・チェリー。

ラージサイズのコーク。

油でギトギトの指を
Tシャツでふく。

服のまま 河で泳ぐ。

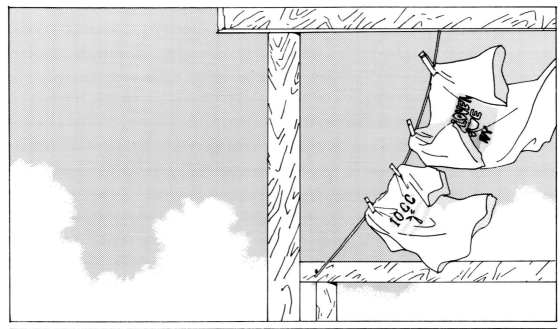

1985年 Cape cod.

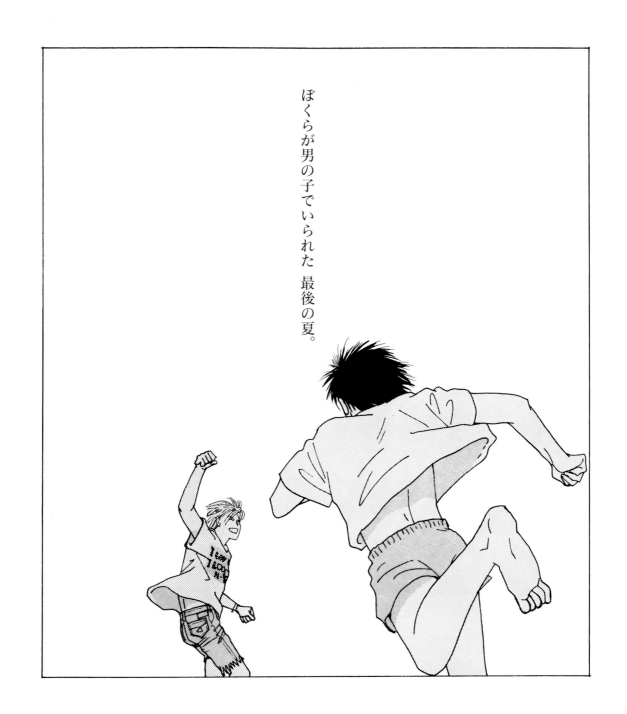

ぼくらが男の子でいられた　最後の夏。

吉田秋生イラストブック **BANANA FISH** 復刻版

ANGEL EYES

1994年 5 月20日　　初版第 1 刷発行
2018年 8 月14日　　復刻版第 1 刷発行
2021年 1 月20日　　　第 8 刷発行

イラスト：吉田秋生　　発行者：細川祐司

※1994年刊「ANGEL EYES 吉田秋生イラストブック BANANA FISH」より復刻しました。

発行所：株式会社小学館

〒101-8001　東京都千代田区一ツ橋 2-3-1　TEL 販売 03(5281)3556　編集 03(3230)5826

デザイン：末沢瑛一　　印刷所：凸版印刷株式会社

編集者：金井順子　編集責任者：彦坂知子　協力：松竹富士(株)

ISBN978-4-09-199057-0　Printed in Japan　©Akimi Yoshida 2018